사회적 상호작용 UP 프로젝트

너랑나랑 재잘재잘

모두

이 책을 아이들과 함께 보시는
선생님과 보호자님께

"듣고 대답하기를 연습할 수 있는 교재는 없을까?"

이 책은 초등특수교사와 유치원 교사의 고민으로부터 시작되었습니다. 우리가 만나본 아이들은 '듣고 대답하는 것'에 어려움을 겪는 경우가 많았습니다. 하지만 정작 이 아이들에게 필요한 좋은 교재를 찾는 것은 어려웠습니다. 그래서 '질문에 대답하기'를 연습하는 교재를 직접 만들었습니다.

이 책에서는 일상에서 마주하는 6가지 상황을 기반으로 30가지의 질문을 선별하여 수록하였습니다. 교재에 등장하는 인물들을 '나'라고 생각하면서 다양한 상황 속 질문에 대해 적절한 대답을 연습할 수 있도록 구성하였습니다.

이 교재는 '기초편'으로 다음과 같은 요소를 중점적으로 다룹니다.

- **나의 정보에 관련된 질문** : 이름, 나이, 학교, 학년·반, 전화번호, 주소 등
- **나의 상태와 선호도를 묻는 질문** : 먹고 싶은 음식, 기분, 아픈 곳 등
- **도움 요청과 제안에 동의와 거절을 하는 방법**

위와 같은 질문과 대답을 연습하면서 감정, 날짜, 날씨, 자기소개 방법 등을 함께 익힐 수 있도록 구성하였습니다.

이 교재는 말하기에 대한 자신감을 기르고자 하는 어린이들에게 추천합니다. 일상생활에서 필요한 기본적인 듣기 능력과 자발적인 의사 표현 능력을 향상하는 데 도움이 될 것입니다.

활용 목표

단원명	제재	목표
1단원 새로운 친구를 만났어요	'나'를 표현하기	✓ 다른 사람에게 나 자신을 소개할 수 있다. ✓ 나의 이름, 나이, 다니는 학교, 학년, 반을 말할 수 있다.
2단원 친구와 편의점에 가요	'예', '아니요'로 대답하기	✓ 질문을 듣고 '예', '아니요'로 대답할 수 있다. ✓ 먹고 싶은 간식의 이름을 말할 수 있다. ✓ 음식의 맛(단맛, 신맛, 짠맛, 쓴맛, 매운맛)을 표현하는 낱말을 알 수 있다.
3단원 길을 잃어버렸어요	'누구', '어디'와 관련된 질문에 맞게 겪은 일 표현하기	✓ '누구', '어디'와 관련된 질문에 대답할 수 있다. ✓ 다른 사람에게 나와 관련된 정보를 말할 수 있다. ✓ 기분을 나타내는 낱말을 알고 표현할 수 있다.
4단원 도서실에 갔어요	'무엇'과 관련된 질문에 맞게 대답하기	✓ 요일을 나타내는 낱말을 알고 오늘의 요일을 말할 수 있다. ✓ 내가 좋아하는 동물의 이름/책의 제목을 말할 수 있다. ✓ 물건을 보고 물건의 색을 말할 수 있다.
5단원 몸이 아파요	'무엇'과 관련된 질문에 맞게 원하는 것 표현하기	✓ 날씨 상황에 알맞은 낱말을 말할 수 있다. ✓ 경험한 일을 묻는 질문에 대답할 수 있다. ✓ 내가 하고 싶은 놀이/먹고 싶은 과일을 말할 수 있다. ✓ 일상생활에서 내가 필요한 것을 말할 수 있다.
6단원 캠핑을 해요	앞에서 배운 내용 종합하기	✓ 시간을 나타내는 낱말을 알고 시간을 말할 수 있다. ✓ 여러 가지 놀이와 놀잇감의 이름을 말할 수 있다. ✓ 좋아하는 것과 싫어하는 것을 표현할 수 있다.

교재 구성 & 학습 점검하기

단원	우리가 배우는 질문 목록	공부한 날	다했으면 체크
1단원 새로운 친구를 만났어요	1. 이름이 뭐야?	월 일	☐
	2. 몇 살이야?	월 일	☐
	3. 어디 학교에 다녀?	월 일	☐
	4. 몇 학년 몇 반이야?	월 일	☐
	5. 우리 같이 놀까?	월 일	☐
2단원 친구와 편의점에 가요	1. 너는 뭐 먹고 싶어?	월 일	☐
	2. 너도 해볼래?	월 일	☐
	3. 맛이 어때?	월 일	☐
	4. 나도 먹어봐도 될까?	월 일	☐
	5. 우리 더 놀까?	월 일	☐
3단원 길을 잃어버렸어요	1. 부모님의 휴대폰 번호가 뭐야?	월 일	☐
	2. 어디에 살아?	월 일	☐
	3. 어디에 다녀왔니?	월 일	☐
	4. 누구랑 놀다왔니?	월 일	☐
	5. 오늘 하루 기분이 어땠니?	월 일	☐

교재 구성 & 학습 점검하기

단원	우리가 배우는 질문 목록	공부한 날	다했으면 체크!
4단원 도서실에 갔어요	1. 오늘이 무슨 요일이지?	월 일	☐
	2. 무슨 동물을 좋아하니?	월 일	☐
	3. 나 좀 도와줄래?	월 일	☐
	4. 어떤 책을 빌렸어?	월 일	☐
	5. 너의 우산은 무슨 색이야?	월 일	☐
5단원 몸이 아파요	1. 오늘 날씨 어때?	월 일	☐
	2. 받아쓰기 몇 점 받았니?	월 일	☐
	3. 무엇을 하고 싶어?	월 일	☐
	4. 어디 아프니?	월 일	☐
	5. 먹고 싶은 과일이 있니?	월 일	☐
6단원 캠핑을 해요	1. 무엇을 먹고 싶니?	월 일	☐
	2. 어디에 갔니?	월 일	☐
	3. 너는 누구랑 왔어?	월 일	☐
	4. 뭐 하고 놀까?	월 일	☐
	5. 지금 몇 시야?	월 일	☐

[1단원] 새로운 친구를 만났어요

① 이름이 뭐야?
② 몇 살이야?
③ 어디 학교에 다녀?
④ 몇 학년 몇 반이야?
⑤ 우리 같이 놀까?

이 단원의 등장인물

이 지 우

→ 내 이름 쓰기

학교 수업이 끝났어요.
집에 가는 길에 공원에 들렀어요.

1 이름이 뭐야?

기초 다지기 지우의 질문에 어떻게 대답하는 것이 좋을까요?
맞으면 O, 틀리면 X에 동그라미 해요.

1	나는 이혜진이야.	O	X
2	너는 김밥이야~	O	X
3	너가 좋아	O	X

기초 다지기 빈칸에 내 이름을 적어 대답을 완성해 보아요.

✓ 안녕? 내 이름은 [   ] 야.

✓ 나는 [   ] (이)라고 해.

확장하기 주변 사람들의 이름을 적어 보아요.

[   ]

[   ]

[   ]

[1단원] 새로운 친구를 만났어요

친구의 이름은 지우래요.
지우와 이야기를 해요.

2 몇 살이야?

기초 다지기 지우의 질문에 어떻게 대답하는 것이 좋을까요?
맞으면 O, 틀리면 X에 동그라미 해요.

1	나는 10살이야. 너는 몇 살이니?	O	X
2	나는 12살, 5학년이야.	O	X
3	삼겹살이야 ~	O	X

기초 다지기 빈칸에 내 나이를 적어 대답을 완성해 보아요.

✔ 나는 [ ] 살이야.

확장하기 그림을 보고 빈칸에 들어갈 말을 생각해 보아요.

친구도 11살, 나도 11살이에요. 우리는 (동갑)이에요.

 나이가 똑같으면 '동갑'이라고 해요.

3 어디 학교에 다녀?

기초 다지기 지우의 질문에 어떻게 대답하는 것이 좋을까요?
맞으면 O, 틀리면 X에 동그라미 해요.

1. 나는 바다초등학교에 다녀.   O   X
2. 나는 드림학원에 다녀.   O   X

기초 다지기 빈칸에 내가 다니는 학교의 이름을 적어 대답을 완성해 보아요.

✓ 나는 [_____]에 다녀.

확장하기 초등학교, 중학교, 고등학교에 대해 알아보아요.

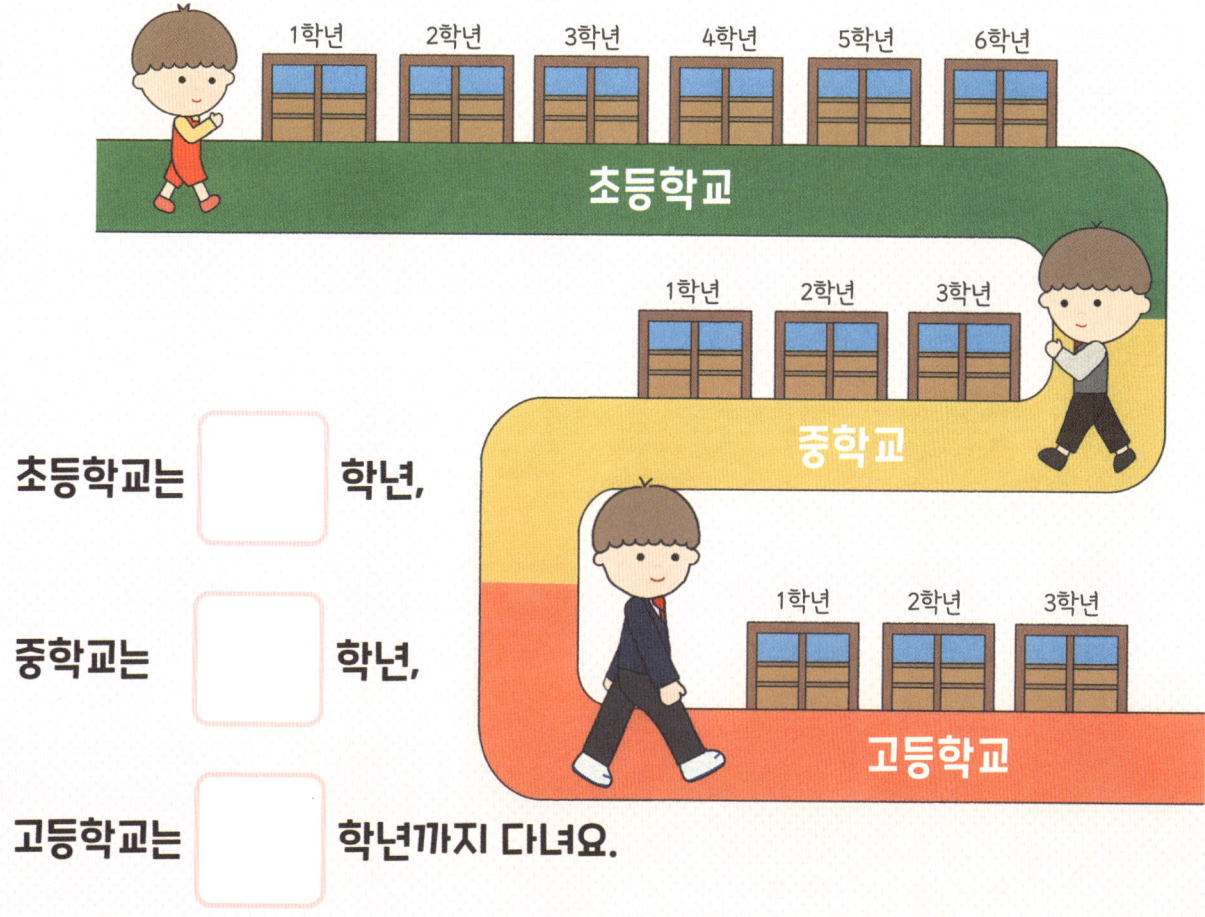

초등학교는 [ ] 학년,

중학교는 [ ] 학년,

고등학교는 [ ] 학년까지 다녀요.

4 몇 학년 몇 반이야?

기초 다지기 지우의 질문에 어떻게 대답하는 것이 좋을까요? 맞으면 O, 틀리면 X에 동그라미 해요.

1. 나는 2학년 3반이야.   O   X

2. 11살이야.   O   X

기초 다지기 빈칸에 나의 학년, 반을 적어 대답을 완성해 보아요.

✓ 나는 [ ] 학년 [ ] 반이야.

확장하기 다음 그림을 보며 빈칸에 들어갈 말을 적어 보아요.

(1) 우리 반은 몇 층에 있나요?   (   )층

(2) 보건실은 몇 층에 있나요?   (   )층

(3) 도서실은 몇 층에 있나요?   (   )층

[1단원] 새로운 친구를 만났어요

지우와 이야기를 나누며 친해졌어요.

5 우리 같이 놀까?

기초 다지기 지우의 질문에 어떻게 대답하는 것이 좋을까요?
맞으면 O, 틀리면 X에 동그라미 해요.

| 1 | 응 좋아! 재미있겠다! | O | X |
| 2 | 너는 개구리야 | O | X |

확장하기 동의/거절 방법을 따라 쓰며 소리 내어 읽어 보아요.

✔ 같이 놀고 싶을 때

대답	이유	제안
응	좋아	같이 놀자

✔ 같이 놀고 싶지 않을 때

대답	이유	제안
아니	집에 가야 해	다음에 놀자

더 알아보기 - 자기 소개하는 방법 알기

🌿 친구에게 자기 소개하기

빈칸을 채우고, 소리 내어 읽어 보아요.

인사	안녕?
이름	나의 이름은 (　　　)이야.
나이	나는 (　　)살이야.
학교	나는 (　　　)학교에 다니고,
학년, 반	(　)학년 (　)반이야.
좋아하는 것	나는 (　　　)을/를 좋아해!

🌿 어른에게 자기 소개하기

빈칸을 채우고, 소리 내어 읽어 보아요.

인사	안녕하세요?
이름	제 이름은 (　　　) 입니다.
나이	저는 (　　)살입니다.
학교	저는 (　　　)학교에 다니고,
학년, 반	(　)학년 (　)반입니다.
좋아하는 것	저는 (　　　)을/를 좋아합니다!

 어른들에게는 존댓말을 써야 해요.

[1단원] 새로운 친구를 만났어요

[2단원] 친구와 편의점에 가요

① 너는 뭐 먹고 싶어?
② 너도 해볼래?
③ 맛이 어때?
④ 나도 먹어봐도 될까?
⑤ 우리 더 놀까?

이 단원의 등장인물

이 지 우

내 이름 쓰기

지우와 놀다가 배가 고파졌어요.
지우가 편의점에 가자고 해요.

1 너는 뭐 먹고 싶어?

기초 다지기 지우의 질문에 어떻게 대답하는 것이 좋을까요?
맞으면 O, 틀리면 X에 동그라미 해요.

1	싫어, 그걸 왜 물어봐?	O	X
2	나는 초코우유가 좋아	O	X
3	나는 감자 과자를 먹고 싶어	O	X

기초 다지기 빈칸에 내가 좋아하는 간식의 이름을 적어 대답을 완성해 보아요.

✓ 나는 [　　　　　] 이/가 좋아.

✓ 나는 [　　　　　] 을/를 먹고 싶어.

확장하기 내가 좋아하는 편의점 간식의 순위를 매겨보아요.

1순위 :

2순위 :

3순위 :

[2단원] 친구와 편의점에 가요

이 편의점에는
사람이 없는 무인 계산대가 있네요.

② 너도 해볼래?

기초 다지기 지우의 질문에 아래처럼 대답할 수 있어요. 소리 내어 읽어보고, 나의 마음에 체크 ☑ 해요.

😊	응, 나도 해볼래	☐
😕	아니, 너가 해 줘	☐
😟	나는 못하는 데 도와줄래?	☐

확장하기 무인 계산기 또는 키오스크를 해보았나요?

[2단원] 친구와 편의점에 가요

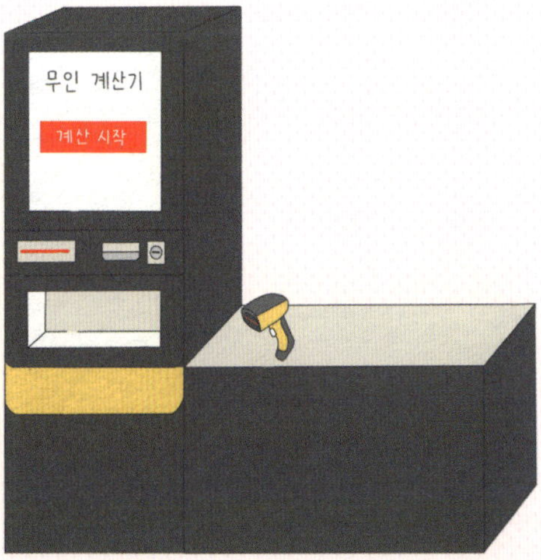

③ 맛이 어때?

 **기초 다지기** 지우의 질문에 어떻게 대답해야 할까요? 음식을 먹고 맛을 표현하는 방법은 다양해요.

확장하기 내가 좋아하는 음식에는 O, 싫어하는 음식에는 X에 동그라미 해요.

확장하기 내가 가장 좋아하는 음식과 가장 싫어하는 음식을 말해 보아요.

✔ 내가 가장 좋아하는 음식은 ☐ (이)고,

　가장 싫어하는 음식은 ☐ 입니다.

[2단원] 친구와 편의점에 가요

지우가 내 초콜릿이 먹고 싶은가봐요.

4 나도 먹어봐도 될까?

기초 다지기 지우의 질문에 어떻게 대답하는 것이 좋을까요?
맞으면 O, 틀리면 X에 동그라미 해요.

| 1 | 이거 줄게, 너도 먹어봐 | O X |
| 2 | 싫어, 나는 딸기 괴물이야 | O X |

확장하기 동의/거절 방법을 따라 쓰며 소리 내어 읽어 보아요.

✓ 내 초콜릿을 주고 싶을 때

대답	덧붙이는 말
그래	너도 먹어봐

✓ 내 초콜릿을 안 주고 싶을 때

대답	덧붙이는 말	
아니	없어서 못 줘	미안해

5 우리 더 놀까?

기초 다지기 거절하는 방법을 알아보고, 소리 내어 읽어 보아요.

✓ **아니**, 이제 집에 가야해.

✓ **안돼**, 다음에 또 놀자

 거절하는 표현은 '아니, 안돼, 싫어, 그만' 등이 있어요.

확장하기 그림을 보고 빈칸에 들어갈 말을 생각해 보아요.

(1) 친구가 더 놀자고 조를 때

대답 :

(2) 친구가 편의점에서 과자를 10개나 사달라고 할 때

대답 :

더 알아보기 10가지 질문에 대답하며 '좋아&싫어'를 연습해 보아요.
정답은 없어요. 내 마음대로 골라 보아요!

		OK	NO
1	수학 공부 어때?	좋아	싫어
2	국어 공부 어때?	좋아	싫어
3	수영하는 거 어때?	좋아	싫어
4	축구하는 거 어때?	좋아	싫어
5	퍼즐 맞추기 어때?	좋아	싫어
6	배추김치 먹는 거 어때?	좋아	싫어
7	초콜릿 먹는 거 어때?	좋아	싫어
8	줄넘기 하는 거 어때?	좋아	싫어
9	비 맞는 거 어때?	좋아	싫어
10	눈 오는 거 어때?	좋아	싫어

더 알아보기 다음 음식들은 어떤 맛이 나나요? 선으로 이어 보아요.

레몬

달다

초콜릿

맵다

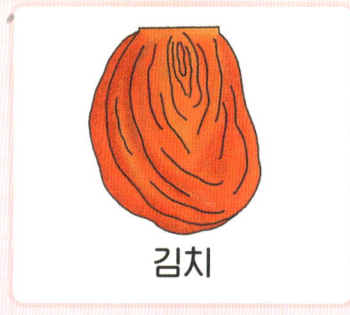
김치

시다

소금

짜다

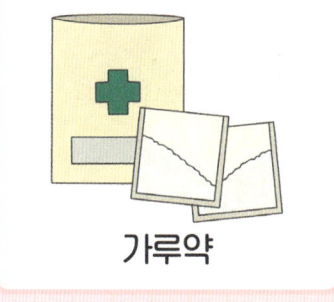
가루약

쓰다

[3단원] 길을 잃어버렸어요

① 부모님의 휴대폰 번호가 뭐야?
② 어디에 살아?
③ 어디에 다녀왔니?
④ 누구랑 놀다왔니?
⑤ 오늘 하루 기분이 어땠니?

이 단원의 등장인물

이지우   (내 이름 쓰기)   엄마

1 부모님의 휴대폰 번호가 뭐야?

기초 다지기 나의 휴대폰 번호 또는 부모님의 휴대폰 번호를 적고 읽어 보아요.

✔ **내가 연락할 수 있는 휴대폰 번호는**

　　　　　－　　　　－　　　　　**이야.**

💡 부모님이 아니여도 내가 연락할 수 있는 휴대폰 번호를 적어 보아요.

확장하기 나의 비상연락망을 만들어 보아요.

＿＿＿＿의 비상 연락망

예시	이름	오이지	010-1234-1234
	누구	엄마	

① 무슨 일이 생겼을 때 가장 먼저 전화할 사람	이름		
	누구		
② ①번이 전화를 못 받을 때 다음으로 전화할 사람	이름		
	누구		
③ ②번이 전화를 못 받을 때 다음으로 전화할 사람	이름		
	누구		

2 어디에 살아?

기초 다지기 지우의 질문에 어떻게 대답해야 할까요?

[   ] 에 살아.

💡 내가 사는 동네나 건물의 이름으로 대답해 보아요.
예: 행복동에 살아 / 마음 아파트에 살아 / 사랑빌라에 살아

확장하기 집 주소를 쓰고 외워 보아요.

예시

시/도	시/군/구	도로명	번호	아파트/건물 이름 + 동호수
경기도	하남 시	구름 로	123	행복아파트 101동 101호
서울특별시	강남 구	하늘 로	111	11-1, 2층
대구광역시	동 구	동대 로	55	하늘하우스 101호

우리집

시/도	시/군/구	도로명	번호	아파트/건물 이름 + 동호수

(1) 우리 집은 무슨 **시/도**에 있나요?　　(　　　　)

(2) 우리 집은 무슨 **시/군/구**에 있나요?　　(　　　　)

(3) 우리 집은 **몇 층**인가요?　　(　　　　)

[3단원] 길을 잃어버렸어요

3 어디에 다녀왔니?

기초 다지기 엄마의 질문에 어떻게 대답해야 할까요?

☐ 에 다녀왔어요.

확장하기 그림을 보고 어디에 다녀왔는지 대답하는 연습을 해요.

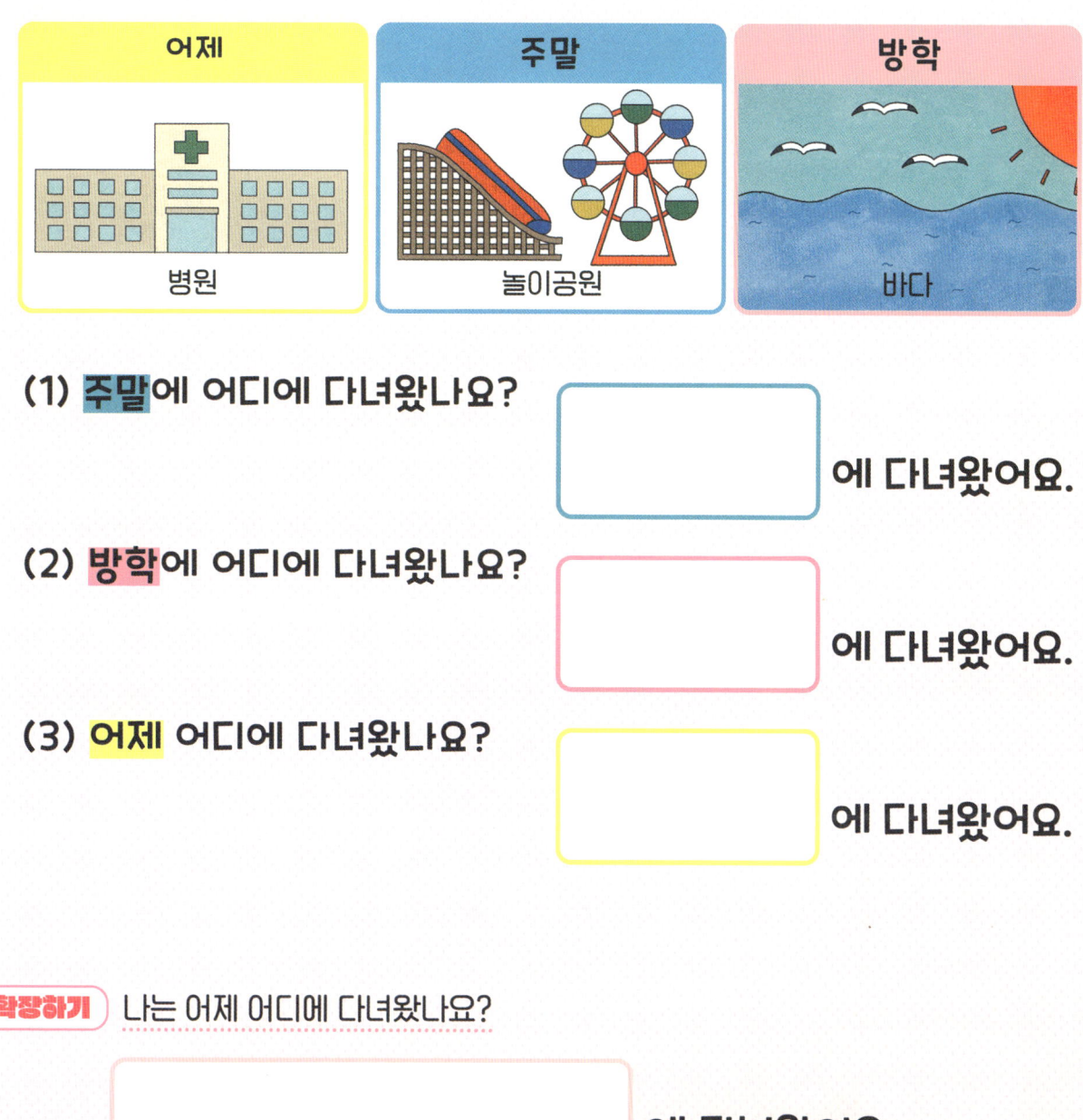

(1) **주말**에 어디에 다녀왔나요? ☐ 에 다녀왔어요.

(2) **방학**에 어디에 다녀왔나요? ☐ 에 다녀왔어요.

(3) **어제** 어디에 다녀왔나요? ☐ 에 다녀왔어요.

확장하기 나는 어제 어디에 다녀왔나요?

☐ 에 다녀왔어요.

4 누구랑 놀다왔니?

기초 다지기 엄마의 질문에 어떻게 대답해야 할까요?

☐ 랑 놀다 왔어요.

확장하기 다음 그림을 보고 '누구인가요?' 질문에 대답하는 연습을 해요.

(1) 빨간 옷을 입은 친구는 누구인가요? ☐ 입니다.

(2) 안경을 쓴 친구는 누구인가요? ☐ 입니다.

(3) 모자를 쓴 친구는 누구인가요? ☐ 입니다.

확장하기 학교에서 나랑 가장 친한 친구는 누구인가요?

☐ 입니다.

5 오늘 하루 기분이 어땠니?

 엄마의 질문에 어떻게 대답해야 할까요?

지우랑 놀아서

💡 좋은 기분을 표현하는 말은 다양해요!
예: 기분이 좋았어요. / 즐거웠어요. / 신났어요. / 행복했어요.

 알맞은 것끼리 선으로 이어 보아요.

상황	감정표현	표정
 킥보드를 타고 놀았다.	기쁘다	
 친구와 싸웠다.	신난다	
 선물을 받았다.	슬프다	
 장난감이 부숴졌다.	창피하다	
 꽈당 넘어졌다.	화가 난다	

😊 **더 알아보기** 친구의 모습을 보고 친구에 대한 질문에 대답해 보아요.

이름: 김다민

1	친구의 이름은 무엇인가요?	
2	무슨 색 티셔츠를 입었나요?	
3	무슨 색 바지를 입었나요?	
4	무슨 색 신발을 신었나요?	

더 알아보기 지호의 주말농장 그림일기를 읽고, 질문에 대답해 보아요.

6월 21일 목요일   날씨: 맑음

제목: 주말 농장

오	늘	은		엄	마	랑		주	말	농	장
에		갔	다	.	당	근	을		많	이		캐
서		기	분	이		너	무		좋	았	다	.
다	음	에		또		오	고		싶	다	.

1. 지호는 어디에 갔나요?

2. 지호는 무엇을 하고 있나요?

3. 지호는 누구랑 갔나요?

4. 지호의 기분은 어때 보이나요?

[3단원] 길을 잃어버렸어요

[4단원] 도서실에 갔어요

① 오늘이 무슨 요일이지?
② 무슨 동물을 좋아하니?
③ 나 좀 도와줄래?
④ 어떤 책을 빌렸어?
⑤ 너의 우산은 무슨 색이야?

이 단원의 등장인물

| 사서 선생님 | | 조 연 우 |

↳ 내 이름 쓰기

1 오늘이 무슨 요일이지?

기초 다지기 오늘은 무슨 요일인가요?

☐ 요 일 이 에 요 .

*오늘의 요일을 적어 보아요!

확장하기 일주일 계획표를 보고 물음에 답해 보아요.

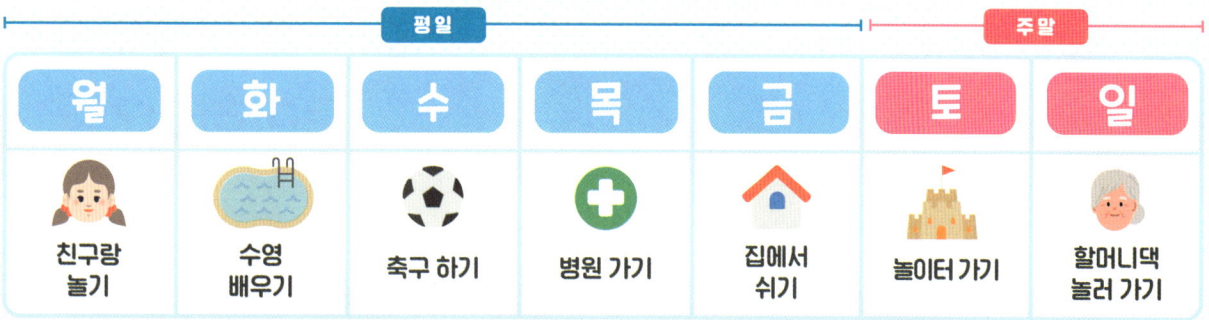

평일					주말	
월	화	수	목	금	토	일
친구랑 놀기	수영 배우기	축구 하기	병원 가기	집에서 쉬기	놀이터 가기	할머니댁 놀러 가기

(1) 수영을 배우는 날은 무슨 요일인가요? ☐ 요일

(2) 병원에 가는 날은 무슨 요일인가요? ☐ 요일

(3) 할머니댁에 놀러가는 날은 무슨 요일인가요? ☐ 요일

(4) '월, 화, 수, 목, 금'은 평일

'토, 일'은 주말 입니다.

[4단원] 도서실에 갔어요

2 무슨 동물을 좋아하니?

기초 다지기 연우의 질문에 어떻게 대답해야 할까요?

　　　　　　　　　을/를 좋아해.

확장하기 내가 좋아하는 동물을 그리거나 사진을 붙이고, 소개해 보아요.

✔ 다리는 몇 개인가요?
(　　　　　)개

✔ 어디에 사나요?
(　　　　　)

✔ 무엇을 주로 먹나요?
(　　　　　)

확장하기 동물 퀴즈를 맞혀 보아요.

① 다리가 4개입니다.
② 땅에 삽니다.
③ 풀을 즐겨 먹습니다.
④ 노란색과 갈색 얼룩이 있습니다.
⑤ 목이 깁니다.

답

3 나 좀 도와줄래?

기초 다지기 사서 선생님의 질문에 어떻게 대답해야 할까요? 나의 마음에 체크 ☑ 해요.

확장하기 도와주는 상황에서 대답하는 방법을 연습해요.

[4단원] 도서실에 갔어요

④ 어떤 책을 빌렸어?

기초 다지기 연우의 질문에 어떻게 대답해야 할까요?

[　　　　　　] 을/를 빌렸어.

 왼쪽 페이지의 그림 속에서 책을 찾아 보아요

확장하기 내가 좋아하는 책이나 지금 주변에 있는 책을 찾아서 제목을 써 보아요.

1.
2.
3.

확장하기 대출과 반납의 의미를 알아보아요.

1. 책을 대출해요 = 책을 빌려요.
2. 책을 읽고
3. 책을 반납해요 = 책을 돌려줘요.

[4단원] 도서실에 갔어요

5 너의 우산은 무슨 색이야?

기초 다지기 연우가 우산을 꺼내 준다 하네요. 어떻게 대답해야 할까요?

내 우산은 ▭ 색이야.

💡 왼쪽 페이지의 그림 속 반짝이는 우산을 찾아보아요

확장하기 내가 좋아하는 색깔은 무엇인가요?
동그라미에 색칠하고, 색깔의 이름을 적어 보아요.

색칠 하기	○	○	○
색깔 이름			

확장하기 아래 햄버거를 숫자에 맞게 색칠해 보아요.

1-빨간색
2-노란색
3-갈색
4-초록색

[4단원] 도서실에 갔어요

더 알아보기 — 날짜와 요일을 알아봅시다.

1) 지금은 몇 월인가요? (　　　　)월

2) 여름 계절은 몇 월부터 몇 월인가요?
　　(　　　　)월부터 (　　　　)월

3) 12월이 끝나면 다시 몇 월로 돌아갈까요? (　　　　)월

달력을 읽는 방법을 알아봅시다.

5월 (MAY)

월	화	수	목	금	토	일
	1	2	3	4	5 어린이날	6
7	8 어버이날	9	10	11	12	13
14	15	16	17	18	19	20
21	22	23	24	25 지우 생일	26	27
28	29	30	31			

1) 지우의 생일은 언제인가요? (　)월 (　)일

2) 어린이날은 언제인가요? (　)월 (　)일

3) 어버이날은 언제인가요? (　)월 (　)일

'어제, 오늘, 내일, 모레'를 알아봅시다.

10/8 수요일	10/9 목요일	10/10 금요일	10/11 토요일
어제는 주말농장에 갔다.	오늘은 빵집에 다녀왔다.	내일은 캠핑에 간다.	모레는 킥보드를 타기로 했다.

어제 • •

오늘 • •

내일 • •

모레 • •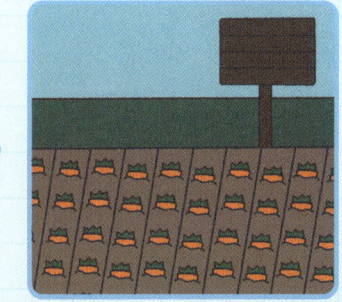

[4단원] 도서실에 갔어요

[5단원] 몸이 아파요

1. 오늘 날씨 어때?
2. 받아쓰기 몇 점 받았니?
3. 무엇을 하고 싶어?
4. 어디 아프니?
5. 먹고 싶은 과일이 있니?

이 단원의 등장인물

할머니

↳ 내 이름 쓰기

1 오늘 날씨 어때?

기초 다지기 할머니의 질문에 어떻게 대답해야 할까요?

비 가   와 요 .

날 씨 가   흐 려 요 .

확장하기 날씨를 표현하는 그림과 말을 알맞게 이어보아요.

 • • 비가 온다

 • • 맑다

 • • 천둥번개가 친다

 • • 눈이 온다

② 받아쓰기 몇 점 받았니?

기초 다지기 할머니의 질문에 어떻게 대답해야 할까요?

몇 점 받았나요? [   ] 점

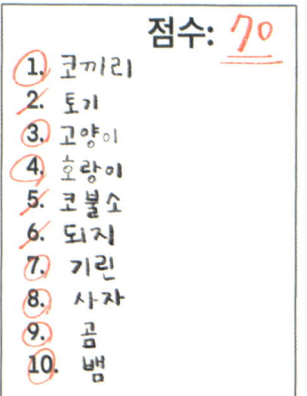

확장하기 위 그림을 보고, 할머니의 질문에 대답해 보아요.

○ 동그라미 개수를 세어 보아요!

╱ 막대기 개수를 세어 보아요!

③ 받아쓰기 몇 점 받았니?

기초 다지기 할머니의 질문에 어떻게 대답해야 할까요?
무엇을 하고 싶은지 <보기>에서 골라 보아요.

확장하기 내가 집에서 즐겨 하는 놀이를 소개해 보아요.

- ✔ 나는 (　　　　　　)을/를 좋아합니다.
- ✔ 왜냐하면 (　　　　　　) 때문입니다.

〈그림을 그려 보아요〉

④ 어디 아프니?

기초 다지기 할머니의 질문에 어떻게 대답해야 할까요?

| | 가 | | 아 | 파 | 요 | . |

 그림 속에서 할머니와 내가 어디를 잡고 있나요? 잘 살펴 보아요.

확장하기 그림을 보고 어디가 아픈지 대답해 보아요.

어디 아프니?
▶ (　　　)가 아파요

어디 아프니?
▶ (　　　)이 아파요

확장하기 우리 몸의 이름을 알아보아요.

<보기>
머리, 어깨, 팔꿈치, 무릎, 발꿈치

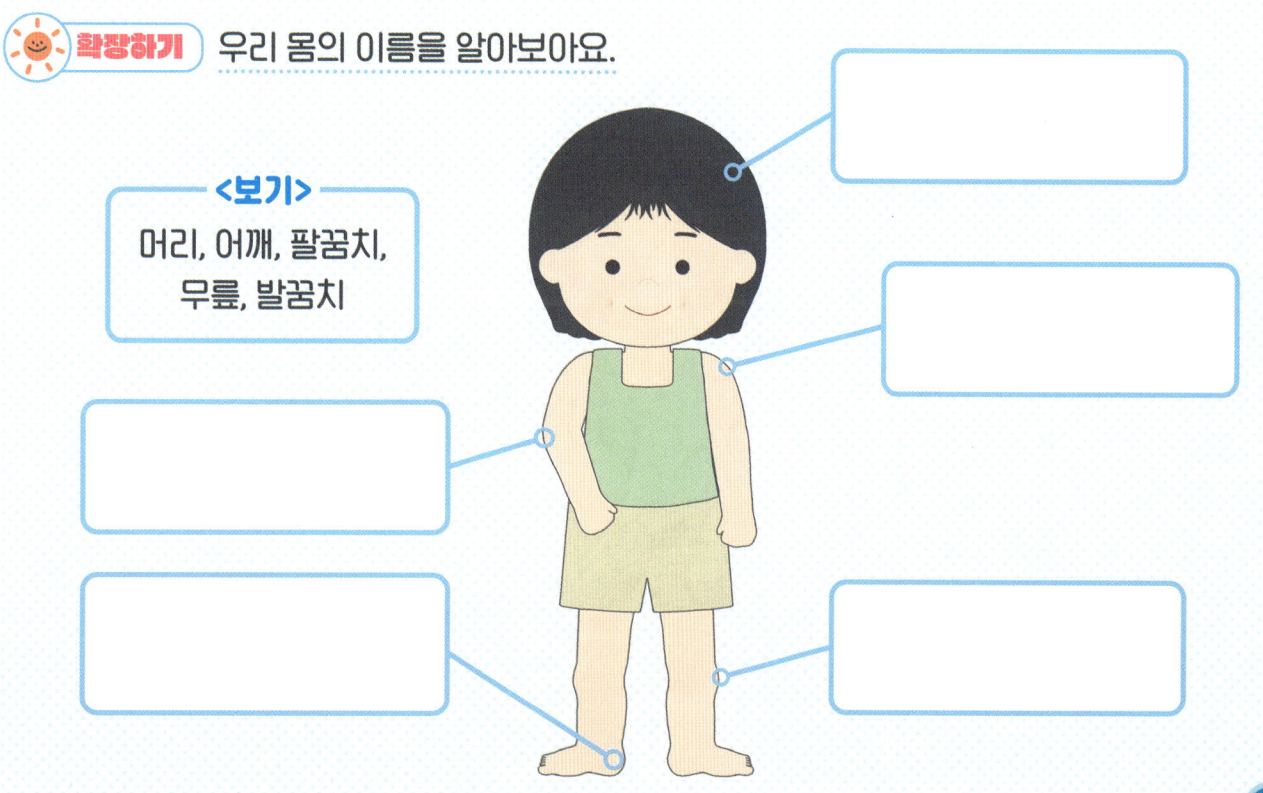

[5단원] 몸이 아파요

5 먹고 싶은 과일이 있니?

 할머니의 질문에 어떻게 대답해야 할까요?
빈칸에 내가 좋아하는 과일을 적고, 문장을 소리 내어 읽어보아요.

☐	이/가 먹고 싶어요.
☐	을/를 먹을래요
☐	이/가 좋아요!

확장하기 여러 가지 과일을 색칠하고, 이름을 알아보아요.

딸기	토마토
포도	수박

[5단원] 몸이 아파요

더 알아보기 어제 또는 오늘 하루동안 있었던 일을 떠올리며, 물음에 답해 보아요.

1. 날씨는 어땠나요?

2. 어디에 갔나요?

3. 누구를 만났나요?

4. 무엇을 했나요?

5. 기분이 어땠나요?

앞에서 답한 내용으로 일기를 써 보아요.

월   일   요일   날씨 :

[6단원] 캠핑을 해요

① 무엇을 먹고 싶니?
② 어디에 갔니?
③ 너는 누구랑 왔어?
④ 뭐 하고 놀까?
⑤ 지금 몇 시야?

이 단원의 등장인물

엄마

김 아 리

아 빠

→ 내 이름 쓰기

신나는 주말이에요.
가족과 함께 캠핑을 왔어요.

① 무엇을 먹고 싶니?

기초 다지기 아빠의 질문에 어떻게 대답해야 할까요?

[   ] 이/가 먹고 싶어요.

확장하기 내가 좋아하는 음식을 그리거나 사진을 붙이고, 소개해 보아요.

(1) 좋아하는 음식이 무엇인가요? [   ]

(2) 다음 문장을 완성하고 소리 내어 읽어보아요.

나는 (   )을/를 좋아합니다.

[6단원] 캠핑을 해요

2 어디에 갔니?

기초 다지기 할머니의 질문에 어떻게 대답해야 할까요?

| | | | | | 에 |

| 왔 | 어 | 요 | . |

💡 왼쪽의 그림을 잘 살펴 보아요.

확장하기 어디로 가야 하나요? 그림을 보고 질문에 대답해 보아요.

(1) 고기를 사려면 어디로 가야 하나요?

(2) 강아지가 아프면 어디로 가야 하나요?

(3) 꽃을 사려면 어디로 가야 하나요?

(4) 빵을 사려면 어디로 가야 하나요?

[6단원] 캠핑을 해요

3 너는 누구랑 왔어?

 기초 다지기 아리의 질문에 어떻게 대답해야 할까요?

```
┌─────┬─────┬─────┬─────┬─────┐
│     │     │  ,  │     │  랑 │
├─────┼─────┴─────┴─────┴─────┘
│ 왔  │ 어  │  .  │
└─────┴─────┴─────┘
```

 **확장하기** 그림을 보고 질문에 대답해 보아요.

누구랑 텐트를 치나요?
▶ (　　　　)랑 텐트를 칩니다.

누구랑 요리를 하나요?
▶ (　　　　)랑 요리를 합니다.

누구랑 공부를 하나요?
▶ (　　　　)랑 공부를 합니다.

누구랑 공놀이를 하나요?
▶ (　　　　)랑 공놀이를 합니다.

4 뭐 하고 놀까?

기초 다지기 아리의 질문에 어떻게 대답해야 할까요?

[_____] 이/가 좋아!

확장하기 내가 좋아하는 놀이를 그리거나 사진을 붙이고, 소개해 보아요.

(1) 무슨 놀이를 좋아하나요? [_____]

(2) 다음 문장을 완성하고 소리 내어 읽어보아요.

나는 (　　　　　　)을/를 좋아합니다.

5 지금 몇 시야?

기초 다지기 아리의 질문에 어떻게 대답해야 할까요?

벌써 [   ] 시야.

확장하기 그림을 보고 질문에 대답해 보아요.

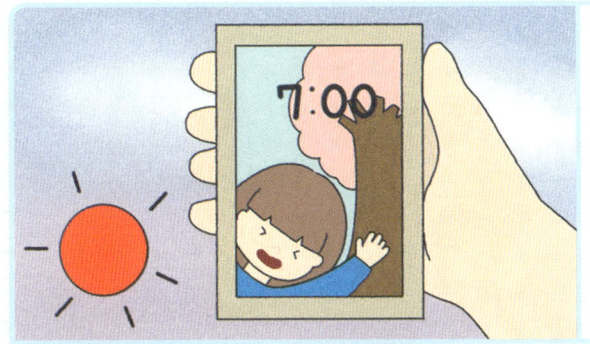

몇 시 인가요?
▶ (   )시 입니다.

몇 시 인가요?
▶ (   )시 입니다.

몇 시 인가요?
▶ (   )시 입니다.

몇 시 인가요?
▶ (   )시 입니다.

[6단원] 캠핑을 해요

 전화상황 익히기

 전화를 받을 때

여보세요?
누구세요?

 전화를 걸 때

친구

안녕? 나 (　　　)(이)야

어른

안녕하세요, 저 (　　　)(이)에요

친구에게 전화를 걸 때 어떻게 말해야 할까요? 빈칸을 채워보아요.

여보세요?

( )

응, 안녕! 무슨 일이야?

내일 놀이터에서 만날 수 있는지 궁금해서 전화했어.

만날 수 있어. 내일 보자.

그래 내일 보자! 안녕~

안녕~

memo

사회적 상호작용 UP 프로젝트
너랑 나랑 재잘재잘 기초편

지은이 박연지
그 림 김지연

펴낸곳 모듀efe
발행인 박해인
주 소 서울특별시 강남구 봉은사로1길 6, 5층 5120호
홈페이지 edu4modu.com
전자우편 contact@edu4modu.com
대표전화 070-8983-4623
팩 스 0508-915-2851
발행일 2023.11.10
ISBN 979-11-982056-7-4(63370)

designed by. 은빛공장 010.8342.0328

※ 이 책은 저작권법에 따라 보호받는 저작물이므로 무단 전재와 무단 복제를 금합니다.
   이 책 내용의 전부 또는 일부를 사용하시려면 반드시 저작권자와 출판사의 동의를 얻어야 합니다.